看見菩薩身影 33

阮義忠 主編

張文郎

序

讓菩薩身影深印人心

釋證嚴

菩薩不是供奉在案頭上，也不是無中生有的憑空想像。菩薩不但是活生生的存有，而且遍滿各地，可能就在您身旁，也可能就在我身邊。他千處祈求千處現；聞聲救苦，無怨無悔。

究竟什麼是菩薩？我常說：「所謂菩薩，就是能幫助別人的人就是菩薩。」以這樣的理解，在我們的社會裡，不是處處都有菩薩？人人都可成為菩薩嗎？只要有菩薩的地方，人與人之間，不是就會有彼此真誠的感應與相互深切的感動嗎？

所以，菩薩不是可望不可及的，菩薩也不是被供奉在案頭上受人頂禮膜拜的，菩薩跟我們每個人並沒有兩樣，只是他比一般人有更豐富的慈悲與智慧；更堅強的毅力與勇氣；更多的責任與承擔，只要我們願意，人人都可以成為菩

薩，都可以作為幫助別人的人。

慈濟志工長期默默的付出，他們不但濟貧，而且教富；不但拔苦，而且與樂，不但悲智雙運，而且柔和忍辱。他們無私無我、無怨無悔，目的只有一個，那就是「但願眾生得離苦，不為自己求安樂。」所以當我們看到一群慈濟志工深入災區，忙進忙出，我們似乎看到一群菩薩正在聞聲救苦。

菩薩的慈悲，往往突破時空的限制，他們拔苦與樂的善行，雖然也會隨著時空的流轉而難以停住，但是他們助人的身影，並不會因為時空的消逝而無蹤，相反的，他們慈悲的身影，會因時空的遠去更烙印在人們的內心深處。

時空雖然無住，但慧命卻能長存。為了長養天下蒼生的慧命，菩薩的身影必須有人捕捉，才能將本空的身影，化為感動的力量，也才能將助人的瞬間，化為沁人心脾的永恆。於是阮義忠先生與袁瑤瑤女士伉儷兩人，挺身而出，不僅要用鏡頭捕捉菩薩的身影，也要用文字刻畫身影背後的感動，他們要讓慈悲的力量迴盪在宇宙之間，要讓宇宙之間充滿美善的循環。

提起阮義忠先生，我們不禁要由衷讚歎。他不僅是位傑出的藝術家，也是

位文字功力深厚的作家，不論攝影作品或文學作品都能觸動人心，直指肺腑，尤其他那悲天憫人的情懷，讓他的作品更具感染力，更能引起社會大眾的廣大共鳴。

阮義忠先生悲天憫人的情懷，表現在他對鄉土的熱愛裡，他用他的專業投入關懷鄉土的工作上，數十年如一日，等到有一天他對生於斯、長於斯的這塊鄉土，從熱愛轉為失望時，他也曾有遠走異鄉的念頭與打算，但一九九九年台灣九二一大地震發生了，社會大眾熱血沸騰了，他才發現他所熱愛的鄉土，並不像他所想像中的那麼冷漠，尤其當他發現一群身穿藍天白雲的慈濟志工，不忮不求，無怨無悔，不顧自身安危，來往於災區，奔走於苦難之間時，他感動了，他重新燃起對鄉土的熱情，他打消移民的念頭了，他下定決心要和慈濟志工並肩打拚，要和這塊土地共存共榮。

於是他抓起相機，用他的攝影專業，捕捉慈濟志工助人的身影；提起筆尖，用他簡練的文字，刻畫苦難見真情的人與人之間的感動。自九二一之後，

他就長年奔波於災區，用心記錄慈濟希望工程的點點滴滴，先後出版了《尋找希望的種子》與《期待希望的新芽》二書，將慈濟菩薩的悲心與血汗，用生動的照片與文字，為台灣留下動人的史實。

現在，阮先生有感於慈濟志工力行慈濟精神，所散發出來的那股不可磨滅的影響力，以及在世道日頹的今天，這股清澄影響力的必要性與可作為性，他再度發心要為每一位慈濟菩薩，留下來鮮明的身影，也要為社會留下慈悲的見證與足式的典範。而這一系列《看見菩薩身影》叢書，阮先生想用圖文並茂的方式呈現，目的就是要讓事實說話，讓圖片說話，讓文字說話。希望讀者在《看見菩薩身影》中所看到的，不僅是圖片與文字而已，而是活生生的現代菩薩助人的悲壯史實與人性中最可歌可泣的動人詩篇。

對於阮義忠先生夫婦的發心，證嚴除了感動外，就是感恩。證嚴深刻了解慈濟菩薩們不會在意於他們的身影，是否會被如實的記錄下來，但人人本具的慈悲佛性是清澄不滅的、是可長可久的。《菩薩身影》系列叢書出版在即，以如是因緣，故證嚴樂為之序。

目錄

張文郎

看見菩薩身影

撰文：袁瑤瑤
●
攝影：阮義忠

平淡的特色

二〇一一年四月二十二日，台灣《聯合報》以頭版頭條刊登：由美國《時代》雜誌（TIME）評選，二〇一一年全球最具影響力的百大人物名單揭曉，慈濟基金會創辦人證嚴法師是唯一上榜的台灣人。所受推崇如下：

「根據佛教的教導，苦是生命中難以逃避的，但是每個人都有生命的潛在本質去克服它。台灣的證嚴法師就是這種精神的化身。

身為一位宗教導師，現年七十三歲的證嚴法師有著無比超凡的品格。然而他也同時是一個務實的、深具理念的、擁有五十個國家分會所、與一千萬個會員與志工的人道組織之領導人。慈濟基金會以驚人的動員救災能力馳名於全世界。他們出現在各種災難現場提供各項救援物資給受難的災民。慈濟志工與救援專家每每即時出現在災區，發放熱食，提供醫療救助、毛毯、以及保暖的衣物。在長期救助部份，慈濟援建住房、醫療院所、學校等。在苦

難中受到慈濟幫助的人數已經難以計數。

佛教也教導世人要種下好的因果（亦即好的思想與行為），人就能在重生轉世後，達到生命更高、更好的境界。雖然來生未可知，但在此生，證嚴法師已經是一位聖者。」

媒體咸認，《時代》雜誌選證嚴法師為世界百大影響人物，和今年三月十二日的日本強震有關。當全球都在撤僑時，只有慈濟人前往災區發放物資、安慰災民；許多災民吃到的第一碗熱騰騰的咖哩飯，就是慈濟人煮的。

其實，慈濟自一九九一年援助孟加拉水患以來，已在全球逾七十國從事慈善工作，援助對象不分宗教、國籍、種族。除了提供救援物資，志工們還會親赴災區膚慰、陪伴，讓苦難人切身感受到他們並不孤獨。

對於這項好消息，弟子們欣喜雀躍，上人卻平淡地表示：「台灣無以為寶，以愛為寶。此項榮譽是對全球慈濟志工默默奉獻愛心的肯定，屬於所有慈濟人。」

張文郎師兄話雖不多卻都是重點，動作不大卻進退有方。2011/3

瞭解慈濟愈多便愈能理解這句話的深意。初入宗門，鋒頭健的法親常是我看齊的對象。時間久了便能漸漸體會，那一大群不引人注意，實際上卻無所不在的師兄師姊更應該效法。他們對上人的法心領神會，在不同工作領域默默守護著慈濟世界的運行軌道。他們散發著一種雖不亮麗卻柔和溫暖，看似微渺卻穩定恆常的光芒，經年累月、綿綿不絕地穿透塵囂，直入人心。每當看到這些師兄、師姊，我就會覺得，他們一定是在更早更遠的過去生便受過上人調教。

具備這種特質的慈濟資深幹部不少，其中一位便是台南區的合心關懷師兄，法號濟哲的張文郎。每回隨上人行腳到台南，總會看到他聚精會神地在一旁待命，若沒見著，也多半是因為他去海外賑災了。印象裡的張師兄話雖不多卻都是重點，動作不大卻進退有方，雖不屬於大開大闔的類型，卻也不會只開不闔或只闔不開。

聽到我想寫他的《看見菩薩身影》，張文郎靦腆地笑了，說可能沒什麼好寫的，因為他在鄉下長大，從小潔身自愛、按部就班，進慈濟之前就沒什

張文郎謙稱自己一路走來平平淡淡，缺乏大起大落的戲劇性。貴州納雍發放。2002

麼不良習慣，一路走來平平淡淡，缺乏大起大落的戲劇性。

其實，慈濟志業涵蓋慈善、醫療、教育、人文、骨髓捐贈、國際賑災、環境保護、社區志工，文郎師兄長年擔任幹部，在各志業領域均有涉入，海外賑災更是連續十九年不曾中斷，在平淡中必有精彩。

再說，平淡也是一種特色。平淡是平常心，乃修行之道，像青山翠谷中的涓涓細流，順土質地勢，在雜草頑石間自闢蹊徑；所經之處，花草樹木、飛禽走獸均蒙其澤。平淡也像白開水，在酸甜苦辣、五味雜陳的人生宴席上，還唯有它才能生津止渴、清腸化膩。

初見上人的那一天

一九九〇年初，慈濟委員鄭清發等人欲帶會眾回花蓮尋根，繳了兩年多功德款的張文郎立即報名參加，欣喜地期待著出發的那一天。說也奇怪，打從接觸慈濟，他就對這個團體很有好感，每次參與活動，看到身著深藍西裝、旗袍的師兄、師姊就心生嚮往，巴不得跟他們一樣。

那年他才三十六歲，與妻子劉秋漂育有一對健康可愛的兒女，且胼手胝足打拼出位於市區的螺絲批發店。夫妻倆姻緣天註定，一位含蓄、心細，一位熱情、膽大；個性南轅北轍，卻同樣有付熱心腸，喜歡行善、助人。在此之前，張文郎本份地養家活口，得空除了郊遊、露營、釣魚，也沒什麼其他嗜好，只規劃著五十歲退休，回鄉照顧家族三代創建、護持的廟宇。當時的他並不知道，命運之神將為他開啟更寬廣、博大、通往世界的濟眾之門。

初見上人的那一天，對每個慈濟人來說都是難以忘懷的。文郎師兄回憶，那次他先去花蓮，秋漂在家看店。時值農曆歲末，他前不久才訂做的西

進慈濟之前，張文郎得空除了郊遊、露營，沒什麼其他嗜好。

裝，顏色剛好也是深藍：「老闆是親戚，我請他無論如何都要幫我在出發前趕出來，雖然沒慈濟領帶，起碼看起來可以跟大家差不多。」

一大早在台南關帝廳集合，人人面露喜色，一位慈濟委員卻看起來有些驚惶。原來她的錢包被搶，已收齊的遊覽車租金全沒了。張文郎心生不忍，當下提議集資幫忙，化解了師姊的困境。回想起來，那件事有如啟示：

「或許是從一開始我就心存善念，因此慈濟路走得平坦順暢。」

當時，花蓮慈濟醫院啟業四個春秋，慈濟護專開學不到半年，靜思堂也正在逐步興建。每月一次的慈濟委員、會員聯誼會是大事，全省各地的慈濟人都會帶會員回來參觀醫院、學校，見證大愛匯聚的成就。

會場設在當時的醫院餐廳，位置相當於如今靜思堂靜思書軒的樓下。臨時搭建的講台草根味兒十足，身形瘦小的證嚴法師陪貴賓坐在台上，看起來弱不禁風，一開口卻攝住了所有人的心：

「感恩大家對慈濟的護持，大家捐的善款，每一塊錢我都當成好幾塊在用。工程款的負擔很重，每個月要付兩期，上半個月的剛付清，我就開始擔

心，不知道下半個月的錢在哪裡……」

聽見法師說：「我釋證嚴沒人、沒錢，只有命一條，可是我會竭盡所能，專心把慈濟做起來。」張文郎胸口一熱，眼淚差點掉下來，暗自發願，一定要多發心、多做一些事。

事實擺在眼前，參觀慈濟醫院時，只見台北大醫院的尖端儀器這裡都有；張文郎慶幸，善款真是捐對了地方！中午圍爐，又讓他感動得不知如何是好。每個人不但吃得又飽又暖，還有紅包可拿。法師就像家中的長輩一樣，一桌一桌地祝福。直到今天張師兄都記得，紅包裡有六十元，每一塊錢都是上人與精舍常住師父做工賺來的辛苦錢。

他一路心潮澎湃，回家後，把滿滿的感動與秋漂分享：「這次出門沒帶你真是可惜！」老婆卻回答：「別傻了，你可知道今天做了多少生意？開店以來，我從沒賣過這麼多現金！」

話雖如此，一個月後，又有慈濟列車前往花蓮時，在家看店的便是文郎了。三天兩夜後，秋漂踏進家門，受感動的程度較文郎有過之而無不及。

一九九一年，兩夫妻先後受證成為慈濟委員。隔年，張文郎便被推薦前往安徽全椒學習賑災。二十年來，慈濟不但已是文郎、秋漂的生活重心，更成了他們的生命脈動。

張文郎、劉秋漂受證後與證嚴上人合影，慈濟屏東分會。1991

台南唯一的慈誠隊大隊長

個性內向的張文郎原本交際圈就不大，對業界盛行的大吃大喝或打麻將向來興趣缺缺，對慈濟活動卻是愈涉入愈歡喜，還沒受證便用心地跟著師兄、師姊訪視貧戶，勤奮積極的表現早被看上了，自己卻渾然不覺。

慈誠隊成立不久後，新上任的台南區中隊長陳吉雄帥兄有天一大早便來找張文郎，才坐下便拿出慈誠隊員名冊：「我要找你作我的副手，擔任慈誠隊副中隊長。」張文郎一愣：「這怎麼可能？我是慈濟委員，沒有受證慈誠！」陳師兄卻老神在在：「我慧眼識英雄，可是沒受證慈誠不能當幹部，所以我特地幫你把報名表拿來。」說完，他把表格往桌上一放便告辭了。

二〇一一年三月一日上午，文郎師兄、秋漂師姊把我們從高鐵站載往慈濟師姊經營的一家素食餐廳。幾位師兄陸續抵達，面孔都熟，姓名卻叫不出來。這就彷彿是個大家族，成員各司其職，活動範圍不一，雖未必清楚彼此的名字，卻大致曉得他（她）是那一房、什麼輩份。

慈誠隊成立不久後，張文郎便成為護法金剛的其中一員。1992/3

大夥兒都認為，張文郎擅於溝通、樂於授權，將慈誠隊帶得非常團結。2011/3

來的多半為資深幹部，這回終於弄清了他們的姓名。在張文郎擔任雲嘉南區慈誠隊大隊長時，鄭清發是培訓副大隊長、籃義雄是行政副大隊長、劉銘正是中隊長。人事文書幹事嚴文聰一手建立了電腦檔案系統，較年輕的王志雄則是培訓幹事。

身為慈濟人的福報真是沒得比，那怕是到了天涯海角，只要有師兄、師姊在，便像是回到了家。茶來伸手、點心來張口；只不過打幾個字、問幾個問題，就能聽到一大堆故事。在茶香、話語之間，台南慈誠隊的特質以及張文郎的領導風格就這麼浮現了。

台灣地區最早有四個慈誠大隊，台南縣、市各有一中隊，隸屬南區的高雄慈誠大隊。二〇〇一年，大林慈濟醫院即將啟業，雲林、嘉義、台南等地在上人的慈示下組成雲嘉南區慈誠大隊以便守護，由張文郎擔任大隊長。

二〇〇三年，慈濟「四法四門四合一」的志工組織架構開始實施，大隊部名稱調整為合心隊組，張文郎也就成了台南唯一當過慈誠隊大隊長的人。

任大隊長期間，張文郎雖然必須經常去海外賑災，卻因擅於溝通、樂於

授權，將整個慈誠隊帶得非常團結。大夥兒津津樂道，當年有任何活動，幹部都可以拍胸脯，把工作先「標」下來再說，大隊部絕對鼎力支持。

「張師兄的國際賑災經驗豐富，將所學用來規劃社區工作，助益很大！」鄭清發表示，當年的大隊長與三位副大隊長就像一張桌子的四隻腳，每隻腳都夠力，把桌子撐的很穩。籃義雄則是指出，整個慈誠隊會那麼有默契、肯承擔，是因為張師兄從基礎做起，鼓勵小隊聯誼、培養感情：「無論哪個小隊聯誼他都會前往，有時一個晚上跑好幾攤！」

劉銘正強調，張師兄有想法會提出來跟大家商討，開會時很有耐心地讓大家暢所欲言，絕不會在有人沒表達意見前作出任何決定：

「開會時間雖然比較長，卻能讓大家在異中求同，達成共識，工作執行起來特別圓滿、順暢。」

王志雄則是觀察到，張師兄在跟大家相處時隨方就圓，結了不少好緣。幾年前他在社區協助組隊培訓，請張師兄去分享，活動結束已經很晚了，張師兄卻還是把握機會，留下來跟幹部互動：

張文郎與慈誠師兄們在慈濟中小學做工。2007/7

王志雄認為，許多活動能順利圓滿，是因張文郎在幕後穿針引線。2011/3

「許多大、小活動的幕前雖然看不到張師兄，卻有他在幕後穿針引線、整合促動，讓工作能夠順利推展。」

與張文郎長時間互動，讓王志雄體會到他的使命感很強，對台南這個道場可說是恨鐵不成鋼。新組織架構推出後，為了加強慈誠師兄的使命感，幹部們於台南靜思堂籌辦兩天一夜的幹部生活學習營：

「以往營隊課程都是全省互相參考，那一次，張師兄針對在地情況，用心思考現階段大家真正需要的是什麼。在學員編組時，我們將老、中、青三代混合，以便促進彼此的瞭解。大家知心相契，在法脈傳承的過程中經驗交流，凝聚當下、掌握未來。」

愛的存款必須長期累積，令人信服的德行也需要時間培養；師兄們認為，張文郎除了歷練夠，還具有能傾聽、讓大家發揮的特質。幹部與第一線工作人員互動良好，從事規劃便能避免落差；「人圓，事圓，理就圓」啊！

用心就是專業

張文郎說，其實不是他的能力有多好，而是大家凝聚力高、勇於承擔。凡事以身作則，多陪伴、多讚嘆，就能拉近法親之間的距離。就拿之前擔任勤務副大隊長的許金進來說吧，當年全力投入慈濟「希望工程」的他，原本對建築一竅不通，磨練到後來，竟成為景觀工程專業。

三月三日，張文郎去台南靜思堂主持會議，合心幹部許金進也在場。只見他笑容可掬，直說與張文郎有革命情感，從中隊時期便時常相偕到各小隊加油、鼓勵。雲嘉南慈誠大隊成立後，幹部們的關懷足跡更是遠擴到雲林的海線、嘉義的山線。

「從中隊時期開始，我們就會很主動地爭取工作機會。各小隊之間互動密切，人雖少，有勤務卻搶著做。」

讓師兄們最難以忘懷的，便是九二一地震後的慈濟人大動員。一九九九年九月二十一日凌晨一點四十七分，台灣發生近百年來規模最強烈、受創最

重的地震。上人除了指示立即成立救災中心，也於稍後普查災民需求後，擬定了「急難救助」、「安頓與關懷」、「復建與重建」等三階段賑災步驟。

文郎師兄回憶，當天清晨，他接到精舍德融師父來電關心台南是否有災情，才知道中部山區已遭遇大浩劫。天亮後，大家於台南聯絡處召開緊急救災會議，各功能組展開救災物資張羅，下午便將一車車物資運抵慈濟台中分會。接下來便是走入災區關懷受災戶、協助受災鄉親蓋組合屋。

組合屋工地完成後，台南慈誠隊轉入「希望工程」之災區學校援建，與雲嘉南地區的師兄們共同認養鹿谷國小。鹿谷國小工程還沒做完，又爭取到規模更大，有兩千多名學生的南投國中。講到這裡，張師兄笑得好開心：

「我們輸人不輸陣，一開始爭取工作時，林副總說，你們什麼都不懂還想接工作，我們卻是先接了再想辦法。之後，我便在大會提議，授權許師兄為本區工程總窗口，因為我知道他可以託付。」

許金進二話不說，把電子材料行交給老婆，自己常駐工地，每回一待就是三、四個月，從最基本的看圖、設計、叫料、趕進度學起，幾年下來，從

南區慈誠隊投入希望工程南投國中的連鎖磚鋪設。2002/4（攝影：洪瑞欽）

033 張文郎

十足的門外漢變成有資格開營造廠。現在，給許師兄一片土地、一面牆，他就可以算出需要多少連鎖磚、石子、水泥以及人力、工時。

「當時我們整個大隊都是外行，可是後來好幾位師兄都變成了師傅。」

許師兄和其他幾位師兄率先進駐鹿谷國小，第一天晚上住帳篷、煮麵當晚餐。火很旺，水卻總煮不開，幾個大男人頭一次作香積，也不明就理：

「等聞到鍋子燒焦的味道，我們才曉得，兩個大鍋疊在一起，燒到下面的鍋子破了水才開。晚上黑漆漆的，看不清楚……」

每逢假日便有數百名師兄、師姊前來做工，平日則有負責土木、水電的七、八位志工常駐。回憶那段日子，許師兄笑著指出，鹿谷國小有「三多」：雨多、小蚊子多、茶葉多。此刻萬里無雲，下一刻卻是傾盆大雨。沒雨的時候挨蚊子叮，有雨便得暫停工作，等天晴了再繼續。

「老師、家長常來看我們，茶葉源源不絕，回想起來真是溫馨。」

讓許師兄最難忘的便是桃芝颱風來襲，整個區域的水、電配送系統遭到破壞。鹿谷國小有一棟辦公樓房不必拆除重建，僅需外牆翻新、洗石子即

許金進回憶當年進駐鹿谷國小的頭一晚，煮麵把鍋底燒焦的趣事。2011/3

可。可是，其中一面牆剛好被配電箱擋住，一不小心便會觸電，非常危險。

「聽說配電系統要半個月後才能修復，我們就趕緊趁停電期間洗完那面牆，這樣才不會耽誤進度。」

最讓他感恩的就是，在無自來水可用的那兩個星期，家長們每天都會汲取溪水送來，讓他們可以煮飯、洗衣。此外，法親們在得知山路坍壞，他們幾個人被困在工地後，隔天一大早便設法驅車前來探望：

「由於沒水、沒電，只好暫停工程，大家便返家休息了幾天！」

九二一大地震後，慈濟的海內外志工大批投入興建大愛屋，在一九九九年十二月底前完成全部一千七百四十三戶、兩萬一千零五十一坪。在教育部公布由民間認養災區中小學重建的一百零八所學校當中，慈濟認養了五十多所；三個階段投入的慈濟志工人次逾二十三萬。

雲嘉南區慈誠隊在鹿谷國小的工作情形，只是「希望工程」的一小部份縮影。投入災區的每位慈濟志工都是像許金進師兄他們這樣，無私無我、小心翼翼地將每件工作做到最好，把素昧平生的災民當作親人。

我問許師兄，他最受用的《靜思語》是什麼。
他笑得臉更圓了：「用心就是專業！」

國際賑災的殊勝因緣

在慈濟的志業領域當中，複雜度最高、挑戰性最大的可能就是國際賑災了。在整體運作方面，除了賑災基本規劃，受援地區的語言、風俗、國情、制度都必須審慎考量，地理、氣候與環境更是不容輕忽。在個人因緣方面，則是身體狀況、慈濟法髓、事業、家庭、財力、經驗都得具足。

文郎師兄說，能參加國際賑災是很大的福報，每回出門前，他都會跟祖先上香：「我不敢說自己光宗耀祖，但以我這樣一個單純、沒有顯赫背景的小生意人，因做慈濟而與一群大企業家及發心大德到海外賑災，真的是要感恩祖先庇佑，感恩上人給我這個機會！」

這些年來，文郎師兄出國勘災、賑災的次數超過六十次，主要工作範圍在大陸，但也去過亞塞拜然、北韓、柬埔寨、印尼及伊朗等國。

一九九六年底，慈濟與英國倫敦大學Leonard Cheshire Chair of Conflict Recovery合作，針對納卡（Nagorno -Karabakh）內戰難民展開為期三年的援

張文郎於伊朗發放。2004/3（照片由慈濟基金會提供）

助計畫。隔年七月，英國、台灣兩地的慈濟人組成賑災團，到巴庫的薩里（Saatli）等四座難民發放了一千五百頂帳棚、一百張輪椅，以及十個四十尺貨櫃、近十六萬五千件新舊衣物、毛毯。

張師兄回憶，那回他是先遣人員，總共待了十二天，出發前聽說有瘧疾疫情，大家還吃了奎寧丸。一行人自備蚊帳，住在農場的舊廠房裡；「當地政府特地載水來給我們使用，可是水質很濁，好像咖啡。起先每天都吃當地的烘薄餅，還好後來英國的師兄姊帶來很多食物，可以自己開伙。」

發放時，慈濟人透過翻譯，請難民順尼龍繩圍成的動線，依照先前給的發放通知單依序領取物資。由於擔心互相推擠、造成暴亂，協助發放的安全人員都是真槍實彈地守在那裡：「難民們真的是太窮了，很怕領不到東西。我們一邊發，一邊還有少數人偷偷靠近帳篷，從角落拖了一袋衣物就跑。」

柬埔寨也是因內亂而動盪不安，老百姓家破人亡。一九九五年，張文郎隨慈濟賑災團前往馬德旺省；氣氛從下飛機就非常緊張，前、後都有拿著機

前往亞塞拜然發放，1997 (上)。柬埔寨發放，1995/1 （下）

前往朝鮮發放，1999/6（上）。去甘肅建水窖時與小孩合影，1998（下）。

關槍、披著彈匣帶的軍人保護。一路塵土飛揚，攜家帶眷的難民絡繹不絕：「他們用一根扁擔挑著草席包捲的家當，隨身攜帶幾支竹竿，是晚上搭棚睡覺用的。許多地方都是地雷警戒區，老百姓的生命完全沒有保障，路上還看得到許多肢體殘缺的人，小孩、大人都有。」

一九九七到二〇〇一年，慈濟八度援助北朝鮮糧荒，物資包括冬衣、化學肥料、大米、兒童奶粉、食品罐頭、農用品及醫藥用品、醫療器材等。張文郎於一九九九、二〇〇〇年隨團去過三次，感覺老百姓雖然生活封閉、貧窮，自尊心卻很強。大家集體生活，住的土房子簡陋，卻打掃得十分乾淨。

讓大家最難過的、最不忍心的，就是看到幼稚園裡的小孩。所有孩子都坐在鋪著塑料布的地上，由於營養不良，個個都是瘦瘦小小的，還有癩痢頭，四、五歲的看起來像兩、三歲。

「在飯店用餐時只有泡菜、小黃瓜，可是我們已經覺得很感恩、很滿足了，因為還有白米飯可吃。但是，想到那些孩子，大家都吃不下……」

從小乖到大

張文郎於一九五四年出生於台南縣仁德鄉中洲村，是張望天、張蔡貴珠的長子，上有姊姊麗貞、下有妹妹麗枝、弟弟文育。雖是道道地地的農家子弟，小時候卻沒吃過什麼苦，頂多放放牛、割割草。家裡那二、三甲田的農事，都由疼愛子女的父母扛起來了。

文郎的祖父張華原本務農，元配去世後，娶自鄰莊的續絃帶來製作漁網吊錘的手藝，生意不惡：「在那個很多人吃蕃薯籤的年代，我們家已經有白米可吃，算是過得很不錯了，不必去跟人家排隊等著領美援物資。」

那時的網錘是用黏土做的粗坯，切除兩端後晒乾、送入小磚窰內用粗糠悶燒三天，成為小圓磚狀成品。由於跟玩泥巴差不多，小文郎時常跑去幫忙，每逢過年阿公給他的紅包也就特別厚。身為長孫的他從小就跟阿公親，行善觀念與生活教育也大多得自阿公。阿公對他的嚴格管教，是形成他往後人格持質的重要因素。

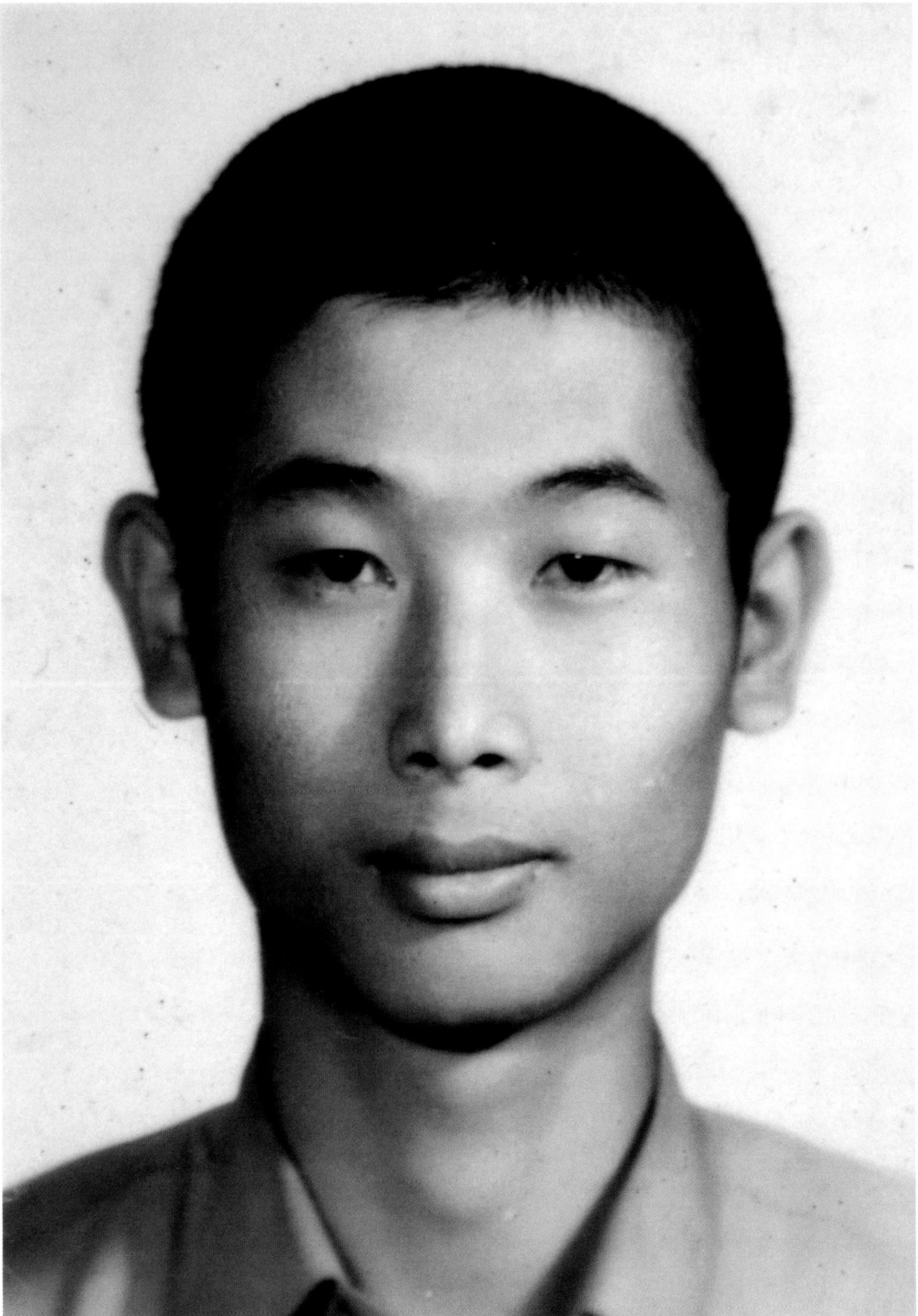

出生於台南縣仁德鄉的張文郎是道道地地的農家子弟。

「爸爸是守本分的老實人，一輩子勤奮、節儉、顧家，阿公卻在地方上很活躍，不僅常為鄉親排解糾紛，還樂善好施。誰家有人過世，沒錢買石灰拌水修墳，只要找上門來，阿公一定幫忙。」

張家幾代都供奉著玄天上帝，舉凡神明所需，阿公一概自掏腰包，終其一生護持著這尊村民的信仰中心。也由於阿公的拋磚引玉，信徒們出錢出力，讓中洲里玄天宮於二〇一一年初慶成啟用。

我問張師兄小時候都玩什麼？他想都不想便回答：「放鞭炮！」這我倒不明白了，追問之下才了解，廟裡的大小慶典都少不了鞭炮助陣，所以，他們家不但隨時儲有鞭炮，還為數不少：「很方便，一拿就有。我經常在田裡一邊放牛，一邊放鞭炮！」

二〇一一年三月二日，我們一大早便隨著張文郎回老家。他的父親已因大腸癌往生，母親今年八十四歲，與擔任里長的弟弟同住，平日最愛作環保，在家附近闢了塊空地堆放資源、做分類。

老家舊址是棟洋房，客廳一片喜氣，文郎的姊、妹、堂姊、外甥女都來

文郎的阿公對他管教嚴格，是形成他往後人格持質的重要因素。

了，好像過年！原來，她們都仍然住在村子裡，走幾步就可以彼此串門子。

講到小時候，麗枝說哥哥從小就很會存錢，做了個盒子藏到櫃頂，有錢就往裡投。她經常爬高高的去挖些銅板來用，哥哥竟然從未發覺。文育則是記得兩兄弟同睡一張床，夏天晚上熱得受不了，便一起爬到屋頂上露天睡。

老太太默默端坐一旁，有點拘謹，就是開心也只微微笑著。被問到文郎這個兒子怎麼樣，卻是臉龐頓時泛出紅光：「他從小乖到大。」

文郎師兄說，他唸岡山初中三年級時，有天放牛從堤防滑下來傷到腿，在家休息了幾天才去上學。媽媽雖不識字，卻一路照顧著他搭火車去學校：

「媽媽知道我木訥，怕我交代不清楚會被罰，所以親自去跟老師解釋。」

媽媽很少處罰兒女，他唯一被打的那回是因為偷摘龍眼。提到這檔子事兒，張師兄顯得有點無辜：「鄉下到處都是果樹，每個小孩都順手一摘就吃，平常沒人管，可是有人告狀，就非打一頓不可了。媽媽邊打邊哭……」

這件事老太太也沒忘記，而且顯然在幾十年後的今天還是有點捨不得：

「他就乖乖站在那裡讓我打，不像他弟弟邊閃邊跑，追得我很累。」

張文郎的許多親友仍然住在中洲村，走幾步就可彼此串門子。

要讓別人佔便宜

媽媽希望兒女受教育，爸爸卻覺得做田才實在，讀書浪費錢。雖說如此，他們兄弟姊妹放學後留在學校補習，爸爸都會走路送便當來。自己整天從早做到晚，省一個是一個，供奉神明卻毫不吝惜。一般廟宇多半仰賴信眾佈施油、香錢，爸爸卻跟阿公一樣，執意包辦供養所需。

爸爸實在是太節省了，吃飯經常只配麵條不配菜。吃年糕為了省油、省火，不炸只蒸，而且是趁著煮飯時順便蒸。有時到村外做工，早上帶去的便當，魚、肉捨不得吃，留到晚上再帶回家。

麗貞記得，每次跟爸爸要錢都得磨一、兩個鐘頭。他從頭到尾不言語，撐到後來，便把錢往旁邊的桌上一扔。小孩拿了趕緊跑，免得他後悔。麗枝則是常常哄爸爸：「你的錢再放著不花，等反攻大陸就不能用了！」

二十五歲那年，文郎在台北上班，爸爸卻生病了。為了就近照顧老人家，他辭職回台南工作，利用假日或晚間騎摩托車載爸爸上醫院。病情一直

文郎的父親是守本分的老實人，雖然節省，供奉神明卻毫不吝惜。

沒起色，後來判定是大腸癌；全家人在愁雲慘霧的籠罩下，接受擔任國軍醫院外科主任的姨丈建議，讓爸爸開刀。

刀雖然開了，醫師卻無能為力，因為癌細胞已擴散。大家決定不讓爸爸知道，帶他回家休養。爸爸變得很瘦，身體愈來愈虛，而且下腹經常痛到無法站立，必須定期打嗎啡：「一星期要打一次止痛針，每針二、三千塊，大家騙他只要三百，否則他會寧可痛也不打。」

手術半年多後，爸爸再也撐不下去了。他離開人世的那天，都已氣若游絲了，仍然再三詢問床邊的親人：「現在幾點了……」

鄉下人相信，若是早晨往生，便能省下當天的三餐，為後代多留一口糧，讓子子孫孫不缺食。張望天就這麼從晚上八點多開始問時間，撐過九點、十點、一直到過了子時，才於深夜十一點多嚥氣；享年五十六。

大概是為了沖淡傷感，張文育豎起大拇指：「我老母最厲害，會理財，雖然沒念過書，卻當了幾十年會頭，所有收支清清楚楚。老家三合院住到很舊了，還是媽媽掏私房錢重建的。再住了三十年，我才拆掉蓋樓房。」

兄弟姊妹一致認為，媽媽韌力強、會持家，直到快七十歲了才退休做資源回收。在此之前，她除了照顧自家，還受雇幫別人做田。田裡暫時沒事，便去當水泥工；成大醫院在興建時，她還是負責替包商招工的小工頭哩！當時她已在工地做環保，每天下班總是提著回收的瓶瓶罐罐上火車。

老太太卻說，年輕時做農很累：「每天下田回家，一坐下，就有小孩跑來吃奶。我邊喂邊睡，每個小孩都喂到差不多兩歲。」

文郎心目中的媽媽很有生意頭腦，平日會搭火車將鄉下遍地都是的野菜拿去岡山賣。每逢大雨過後，家家戶戶都把田裡浸爛的蕃薯丟掉，媽媽卻會撿拾挑回來、一一曝曬，再以還不錯的利潤供應飼料商。農人過年期間難得休息，喜歡聚在一起賭個小錢。媽媽不但不參加，還會去批些水果、零食來賣給他們。

老人家雖然節儉，卻很樂意布施和幫助鄰人。竹溪寺整修時，她去做小工，每領工資必捐出一日所得給該寺；知道文郎夫妻有心幫她捐榮董，自己也拿出三十萬元湊齊金額。村內常有婦女背著小孩來跟媽媽借錢看醫生，媽

母親從小告訴文郎，吃點虧沒關係，要讓別人佔便宜。2011/3

媽有求必應，而且從不向她們追討。甚至有人借十萬只還三萬，她也因對方境況不好而作罷，還常常教導子女自己堅信的作人道理：

「不要攀緣，吃點虧沒關係，要讓別人佔便宜！」

除了每天出門幫慈濟收資源，老菩薩沒事就搬把小凳子到菜園除草，從不跟鄰居聊八卦。附近保安工業區的幾位老闆還把工廠鑰匙交給她，讓她每天早晨自己去開門收紙箱、寶特瓶。

講到作環保，老菩薩的話就多了，特地告訴我們一件不可思議的事。有段期間她每天清晨三、四點出門收資源，來回要走很長一段路。有一天出發時，看見家門口有隻流浪狗，便拿些剩菜剩飯給牠吃。從此，那隻狗天天準時出現，連續跟了她好幾年。

「天暗暗的，牠陪我去作環保，等我回家，牠就走了。後來我膝蓋動手術，只能在附近收，那隻狗就不見了。」

成家立業，遠離是非

「小時候看到媽媽頭腦靈活，做小買賣賺錢，心想長大也要做生意。」張文郎說，他從依仁國校畢業後考到岡山初中，三年後再讀南英商工。從小雖有心唸書，卻不懂方法，也不好意思跟人請教，在校成績平平。

「能讀到高中畢業，又沒學壞，算是不錯了。在我們那個年代，畢業後就要找工作，以我的個性只能上固定的班，再加上沒有高人一等的才華，又不會跟人爭，不容易有成就，最好的出路就是自己創業。」

不過，年輕時的他也知道，一切還是要按部就班，從上班、學外務開始。畢業後，他先是幫台南市東門路的一家磁磚公司送貨，跟劉秋漂認識以後，被她哥哥介紹到台北的藥廠工作：「那時我剛學會開車，人生地不熟，每天帶著地圖送貨。西藥的包裝都是英文字，我底子不好，比較吃力，再加上爸爸生病，沒做多久我就回台南了。」

秋漂是文郎南英商工的同學，兩人在畢業旅行時認識。起初是一大群人

秋漂是文郎南英商工的同學，兩人在畢業旅行時認識。

一起玩，文郎不愛講話，跟秋漂的哥哥們完全不一樣，秋漂媽媽卻覺得他憨厚、老實，鼓勵女兒跟他交往。

文郎自己的兄弟姊妹年齡差距大，很少玩在一起，看秋漂家的兄弟姊妹多，彼此又那樣融洽、熱絡，不免心生羨慕。決定娶她進門，是因為她真、孝順，而且跟自己家人特別有緣：

「跟她交往不久，爸爸罹患了大腸癌。若是一般人，恐怕會避之唯恐不及，覺得是負擔。可是，秋漂卻時常來陪伴、照顧爸爸，很頻繁地搭火車來回善化、中洲。」

爸爸有這個心願，文郎也想讓他安心，便答應將秋漂娶進門，趕在爸爸病情尚穩定時，讓他老人家親自主持了訂婚儀式。婚禮於爸爸往生一年後舉行；當時文郎在螺絲公司負責倉管，小兩口就住在公司配給的倉庫樓上。

「秋漂的個性比較強勢，可是很顧家，白天在工業區上班，晚上還會幫忙包螺絲、貼補家用。我們生活雖然克難，彼此卻甘願為了將來打拼。」

常言道「成家立業」，兒子出生後，文郎感覺，是出來創業的時候了。

「決定娶秋漂，是因為她真、孝順，而且跟我的家人特別有緣。」

創業初期兒女都還小，兩夫妻非常辛苦，卻甘願為了將來打拼。

一九八六年，兩人在巷子裡租了個小店面，箱型小貨車也是買二手的。秋漂二哥擔心小倆口沒人手，帶媽媽一起過來幫忙送貨、煮飯；半年後，見他們生意做起來了才回善化。

文郎師兄回憶，開店不久，女兒才兩歲，好在她不哭不鬧，整天睡覺，只有餓了才起來。創業初期非常辛苦，夫妻倆為了多賺一點錢，所有螺絲都進散裝貨，自己加工打包、裝箱，經常包螺絲包到晚上七、八點。有時已經上床休息，聽到客人按電鈴，還是會趕緊起來開門。

經濟情況穩定後，秋漂開始投資股票、簽六合彩。起先著實嘗到了甜頭，後來卻不但全數吐出，還倒賠一籮筐。回想這段期間，秋漂師姊承認，自己在進慈濟之前好高騖遠，總覺得有一缺九，不但喜歡跟人比較，還喜歡計較，老是跟自己過不去：

「來到慈濟以後，我覺得好清淨、好快樂，每天想的都是怎麼把慈濟事作好。上人帶我們帶得那麼辛苦，所以我一定要勇於承擔、樂於配合。」

張師兄也慶幸還好進了慈濟：「以前我們夫妻時常因無明而起爭執；學

兩人慶幸還好進了慈濟，學到了各退一步的相處之道。

佛後，我明白了如是因、如是果，報恩、報怨、討債、還債的道理，一切都要接受，當作修行。」

如今，位於台南市中華東路三段一百四十七號的「永勝螺絲」早已恢復了平靜。這是兩夫妻打拼十年後買下的三層樓房，店面牆壁掛著靜思精舍大照片，樑上也懸著木製的慈濟法船標誌，店門口則是喜氣洋洋地貼著兩幅紅底黑墨的《靜思語》：「心富勝於財富」、「廣行環保福滿乾坤，淨化人心風調雨順」。

員工蘇盈萍在這兒已經工作了二十三年，從小姐做到結婚、生子，也一路看著老闆、老闆娘進入慈濟：

「他們脾氣改了很多，以前互不相讓，學佛以後卻會各退一步。現在客人都會說，看你老闆、老闆娘的面相，就知道他們有在修行。」

難行能行的粗心真人

話說張文郎、劉秋漂這對同修夫妻個性截然不同，濟世度人的方法也各有千秋。文郎師兄四平八穩、善解人意，秋漂師姊則是勇猛果敢、不按牌理出牌。但也因為她膽子大、衝勁足，鎖定目標便鍥而不捨，在台南縣、市帶出不少能人、成就了許多好事。

在懿德會、教聯會與秋漂互動頻繁，一路看著她成長的岡山區資深慈濟委員吳佳霖（法號慈同）笑說，秋漂原本就比較有個性，好在來做慈濟，否則文郎師兄的日子難過：「她超級熱心，比我還雞婆，恨不得全天下的人都來做慈濟；做事方向、目標都很對，只是比較『恰』，因為一心一意要為人家好。」

可是，秋漂對朋友的慷慨、對先生的支持也讓許多人印象深刻。長年參與慈濟海外賑災的林櫻琴師姊就曾聽秋漂說過，看文郎從事海外賑災那麼快樂，她一定要全力當他的後盾，即使是賣房子也甘願。

（右上至左下）從小女孩到花樣年華，各個時期的劉秋漂。

秋漂師姊的心量非比一般。2011/3

秋漂度出來的師兄、師姊在提到參加培訓的經過時，都會有點哭笑不得。然而，如今他們卻無不感恩秋漂，強調當初若不是她的堅持，自己可能永遠也不會踏上菩薩道：「她有點霸道，但適度的勉強也是需要的，我們太懦弱了！做慈濟真好，幸虧有她帶我們進來！」

在我看來，秋漂的心量非比一般，大夥兒說她「有膽識、沒心眼」也好，笑她「霸道、不會看臉色」也罷，她都不以為忤。

那天文郎師兄開車，我們坐在後座，一整天跑了好幾個地方。到晚上，她終於憋不住了，告訴我，台北的林英真師姊跟她很要好：「我打電話請她講講文郎和我的特質，她回我一句：『關於張師兄我要想一下；關於你，從以前到現在，我對你只有『忍耐』二字。』」我禁不住哈哈大笑，她自己也笑得撲在椅墊上！

劉秋漂，法號慈明，一九九一年受證，當過懿德媽媽、教聯會幹部、社區親子班主任；曾任和氣組長兩年，也在合心組負責過一年接待事宜。這回到台南，我有幸會見了許多與她相熟的法親。願意為本書貢獻幾句話的人少

說也有二、三十位，族繁不及備載。將師兄師姊的原汁原味整理歸納，大致可採用以下幾句為代表：

「臨門一腳」篇

「她跟我說：『你比慈濟人還慈濟，一定要出來做事！』我當時還沒退休，跟她說沒空，可是她沒徵求我同意就幫我報名參加培訓，還說『我不管，你拿兩張照片給我！』」

「她說：你應該出來培訓。我說：我要照顧中風的婆婆，沒時間。後來我婆婆往生了，喪事剛圓滿，她就打電話來，說：你現在可以培訓了！」

「順理成章」篇

「我覺得困難的事，她都認為簡單。無論她跟我說什麼，我都說不出一個『不』字。不只是因為她有磁力，應該說，她有很深的願力，好像一切都順理成章，我們只有跟著走。我個性內向、不開朗，不知道跟人講什麼，她卻時常鼓勵我，給我正向肯定。」

「秋漂很積極，我本來想募一家杏仁茶店的老闆當會員，還帶她去吃過

「做慈濟真好，幸虧有秋漂，否則我們不會進來！」

秋漂去大陸發放（上），帶慈濟列車回花蓮（下）。

一次。後來我終於鼓起勇氣開口，才知道老闆已經被她募去了。」

「**求好心切**」篇

「秋漂直率、積極，記得我剛加入慈濟時，上人要來成功大學『幸福人生』講座。秋漂點名：『你、你、你要來比手語』，她自己卻沒比，在那邊巡視：『你比得太高，你隊形排錯了！』在慈濟久了，我瞭解到她的個性、她的心。她對慈濟非常投入，希望上人看到的一切都是好的。」

「她是急性子、求好心切，所做的每件事都是在為團體盡力。跟她合作要戰戰兢兢，但是能學到很多。我覺得她最了不起的就是會跟人道歉。」

「**成就拉拔**」篇

「阿漂哇啦哇啦的，但很真心、很會帶動，喜歡成就、拉拔人。她在慈濟看得多，分析事情有道理，但不會強硬要我們聽她的。其實她很直心，遇到事情點一下，其實是要成就別人。」

「她很熱情，跟我說的每件事都好像是難得的好機會，會把上人的法放進去，讓你覺得無法拒絕。她邀我去靜思茶道上課，自己卻落跑，可是她

法親心目中的秋漂難行能行，非常有勇氣。2011/3

扮演的就是這樣的角色，把人推到她認為適當的位置。本來我的個性比較自卑、自閉，現在會覺得自己有責任，要承擔多一點。」

「難行能行」篇

「我們帶遊覽車回花蓮，過山路時我發現她暈車暈得很厲害，可是她只來後面坐一下，又立刻到前面站著拿主持棒了。」

「九二一大地震前，我們上街頭為土耳其募款，在後火車站有個人放錢到募款箱，旁邊一堆人就一直罵他。秋漂叫我不要害怕，說我們聽上人的話，就對了！」

「我們去掃街勸募，看到人家在吃冰，我會覺得不要去打擾比較好。可是她竟然走過去說『拜託，愛心不嫌少、捐十元也好』，還握著人家的手，身段非常柔軟。無論大人、小孩，她都是一桌一桌地講，真的是非常有勇氣，難行能行！」

至於林英真師姊，我雖沒採訪她，卻有秋漂師姊轉給我的傳真。將她對好姊妹的描述作為本章結尾，真是再合適也不過了：

能讓秋漂神定氣輕的，唯有上人。2011/3

關於秋漂師姊的我見我聞：一、很多人認定她是直心，錯了。直心是清淨心講出的話。可她呀，心是滾燙澎湃，是粗心。粗心的人：膽大是突發性，嗓門大是騙人的，是屬膽小之人。二、是粗心人講真心話，故文人忍她、賞之；武人做她、喜之；慈濟人任她、寬之。三、隨方就圓，無處不自在，還未習之。應付方法：眼觀鼻、鼻觀心，定住自己。其實，她是一個很好的守護者，不二心。四、慈濟之路：初時斥之（因被穿破本性）；即時獻之、捧之；病癒後：戀之。五、這位粗心真人秉承的是：上人至上。在電視機前聽聞上人開示時，竟是全心全意、畢恭畢敬、雙腳併攏、兩手平放、兩眼直視，渾然無我。要她神定氣輕，唯有上人。

打開悲門，讓心歸零

二〇一一年一月十四日上午，甘肅靖遠縣劉川鄉來窯慈濟大愛村的廣場上鑼鼓喧天、彩旗飛舞，入厝儀式於當天舉行。祖祖輩輩都不曾擁有房產的村民們，個個穿起最好的衣服，舉著紅通通的房屋所有權證，豎起大拇指，齊聲遙向證嚴上人感恩拜年。幸福浸透了每張臉龐，叫人看了，打心底舒坦起來。

十二年來，慈濟在通渭、會寧、東鄉、靖遠、永靖以及廣河等六個縣總計打下近兩萬口水窖，受惠人口達十萬以上。在靖遠若笠等地援建水窖的過程中，慈濟瞭解到，讓乾旱山區的民眾搬遷才能解決問題。二〇〇七年，慈濟與當地政府簽約合作，將若笠的兩百一十戶鄉民遷移到離黃河較近的劉川鄉，隔年動土，二〇一〇年九月，村民開始陸續遷入來窯慈濟大愛村；如今，村裡的慈濟小學也在蓋了。

時間往前推至一九九八年，慈濟在甘肅援建第一批水窖時，張文郎正是

監造人員之一。在那些乾旱地區的人們，一輩子沒洗過幾回澡，也從不敢幻想富潤的未來。婦女們每天在顛險的山路來回走好幾個鐘頭，為的只是從渾濁的小水坑裡，挑兩桶泥水回家。老了、挑不動了，便由媳婦接著挑。

張師兄回憶，慈濟決定在甘肅蓋水窖後，他們除了拜訪專業水窖工程人員，也前往蘭州大學向水利學者請益。擇定援建地區後，還將各處的土質資料、窖體形狀結構帶回台灣，由莊振基師兄回母校成功大學請益，以便因地、因氣候而制宜，一一規劃適合在地底下的窖體結構、砂石、水泥比例。

「水窖建好後，水質定期檢驗。十年後我們回訪，村民除了將窖體維護得相當好，水質看起來也仍然十分清澈。我們帶了一小瓶回來呈給上人看，在台灣又做了測試，水質真的很好，上人看了好欣慰。」

慈濟幫忙建水窖，讓村民的生活得到很大改善；文郎師兄記得，那次回訪，一個叫做陳玉相的年輕人跟大家說：「我認識你們，當初村里敲鑼打鼓歡迎你們，我就是隊伍裡的小學生。」

原來那小學生不但已長大成人，還結了婚，有個小孩。張師兄歡喜得合

肅來窯慈濟大愛村舉行入厝儀式，村民們齊聲遙向證嚴上人感恩拜年。2011/1（攝影：林櫻琴）

中华人民共和国
房屋所有权证
中华人民共和国
房屋所有权证

不攏嘴：「他的媳婦也是甘肅人，看起來福福泰泰的。兩人是他到城裡做事時認識的；我問陳玉相的太太為何嫁給他，她說，因為他們家有水窖……」

讓文郎師兄印象最深刻的就是有一年，一位企業家賑災回來，坦言對某些現象有些特別的感受：「等他分享完，上人便說：『你們雖然是去賑災，悲門卻沒有打開。』上人這句開示就像當頭捧喝，從此以後，我每回出團賑災都會先把自己的心態調整到歸零。在台灣也是一樣，有時也會看到令人疑惑的地方。因此，一定要提醒自己把悲門打開，體會苦難人的遭遇。對災民的苦感同身受，心就會柔軟，身段就會放下，再辛苦也不感覺累！」

溫言軟語的關懷，能讓災民感受到慈濟人真誠的愛。有形的物資會用完，無形的愛與關懷卻會長久留在每位受災者的心中，甚至代代相傳。文郎師兄舉河南省固始縣的例子說明；那兒是一九九一年，慈濟最初到大陸幫忙時，援建永久住房受惠的三省四縣之一。

二〇〇〇年，慈濟人重遊舊地，來到固始慈濟大愛新村。村民像辦喜事一樣，鞭炮響個不停，歡迎的隊伍從村口排到村內。張文郎記得，那一回還

甘肅集水抗旱工程紀念，1998/5（上）。重遊固始慈濟大愛新村，2000（下）。

有兩戶人家同時娶媳婦，熱鬧、溫馨的氣氛整天籠罩在村裡，每個人都歡喜極了！

「我們踏進村民家裡，發現供桌上竟然安放著當初發的房屋產權狀、紅包以及《慈濟道侶》雜誌！他們的用心是對慈濟人的一分感念吧！」

村民對慈濟念念不忘，文郎師兄記得，就是遇到十來歲的小朋友，也會很親熱地跟大家打招呼，說：我知道，你們是以前來幫我們蓋房子的人。

「當初我們來時他們還小，不太記得那些事，可見大人們都會告訴小孩。還有，當車子經過市場時，我們打開窗戶跟大家揮揮手，沒想到路兩旁的小販竟追著車子，把水果往每輛車裡送。那種至真至誠的回饋，讓我們在寒凍的季節感到無比的溫暖。」

無私付出，所得無量。沒有親耳聽到、親眼看到參與國際賑災者的反應，無法體會他們的法喜。敘述這些情景的文郎師兄，欣慰地彷彿整個人從裡到外，從心到口，從口到意都在笑！

張文郎與小災童兩手相握，2007（上）。在安徽全椒敬老院（下）。

大陸賑災二十年

張文郎時常在大陸擔任先遣人員或總協調；毫無相關經驗的我，最喜歡聽他講述賑災工作的點點滴滴。說起來輕鬆，做起來卻是瑣碎、繁重、工程浩大；其中涉及的精神緊繃、體力透支，沒經歷過的人難以想像。文郎師兄強調，長期參與國際賑災的師兄、師姊很多，每個人都是這樣在付出。

在賑災夥伴的心目中，張文郎不但對海外賑災非常有經驗，跟人溝通也特別有耐心。林櫻琴師姊就認為，發放現場只要有他在，一切就會很順利：「他雖然資深，卻從不刻意強調這一點，總是在一旁陪伴，發生事情便出面解決，該堅持的都會堅持。」

算一算，文郎師兄到過的省分包括安徽、河南、湖南、河北、甘肅、湖北、貴州、江蘇、南京、四川、浙江、山東等；除了勘災、賑災，也曾送骨髓、參加文化交流。即使出團回來經常會感冒、長泡疹，整個人瘦一圈，他卻強調，沒有任何事能讓他退轉。

張文郎第一次前往大陸賑災時，受到上人的親自祝福。1992

他笑著說明，其實，心境轉一轉，去賑災跟出門旅遊也差不多。同樣是早上五六點多出門，在機場看到其他旅客帶著大小行李，知道他們要去住豪華旅館、享用美食，慈濟人卻即將隨處而安、一切克難：

「在工作空檔，大家經驗分享，資深的講講漏氣往事，新進人員聽得樂呵呵。不敢說是苦中作樂，但這也算是輕鬆時刻了！」

張師兄說，先遣工作沒那麼緊張，因為時間有彈性，只是工作量比較大。每個發放地平均要跑三、四次；仔細復勘、瞭解災情後，回本會報告。大家針對災況、發放區域、所需物資、災民戶數人口一一討論。正式發放之前還要確認提報名冊，實地抽樣訪查。

隨著文郎師兄的描述，我的腦海裡出現一幕幕場景：去到一個全然陌生的地方，從什麼都沒有開始，一一勘查、找尋發放場地、物資倉庫、打包空間，與當地政府協商配合事項、張榜公告民眾領取須知……物資抵達後要點收、分類、排放整齊；比較窮的鄉村空間有限，也要想法適應、克服。

發放時，每條動線都不能交叉，出口、入口要保持順暢，以免動彈不

得、影響發放速度。發放典禮的儀式也要規劃，會場如何佈置，觀禮群眾怎麼進、怎麼退都必須事先溝通、協調。

然而，設想得再周全，也會有無法掌握的因素或是無從預料的變數。有一次是運輸出了問題，物資在發放當天尚未到齊。有一次是整個村莊淹水，他們建議當地領導找抽水機抽水，卻被告知有些地方乾了，可以先發放。誰知，人去了才發現水根本沒退，無法發放。

萬事具備，卻差一點發放不成的情況也有。讓文郎師兄最忘不了的就是，有一回，當地負責人所造名冊被認為不公正，造成部分村民反彈。捐贈儀式結束後，發放即將開始，一群人卻不退，而且情緒高昂，抗議他們雖有資格卻沒被提報。

省副廳長、縣級領導跟災民都講不通，整個局面僵在那裡難以化解。物資有限，是按原先戶數準備的，且當天必須趕往另一地發放。擔任總協調的張文郎見這樣下去不是辦法，上台拜託大家是不是先退下，再請領導瞭解、協調。群眾見台灣人上台，態度雖客氣許多，卻依舊留在原地不動。

在甘肅為興建水窖查訪，1998（上）。貴州納雍發放，2002（下）。

事件最終藉著慈濟延日發放、上級領導責成當地政府盡速協調，安撫的方式得到解決。重新發放相當順利，張文郎卻十分自責，強調上人曾經慈示：去賑災是因為不忍眾生受苦難，遇到任何困難要主動協助解決，不能讓災民與領導之間造成矛盾和磨擦。事前準備工作若不足，便會造成誤差、影響發放進度，不但不能讓長途跋涉而來的鄉親早點回家休息，也會增加法親們的體力負擔：「十多年來，我在那次遭遇的挫折最大、得到的教訓最多，但在危機處理方面也學到了不少。」

發放結束後，在回程的車上，心存愧疚的張文郎始終開朗不起來。為了讓大家輕鬆一點，法親們活潑地帶動氣氛，還拿出《靜思語》讓大家抽：「我抽到的那張正好是：『人生最大的成就，是從失敗中站起來。』大家聽我唸完，全都笑起來！」

讓文郎師兄最為感念的就是，從大陸賑災一開始就帶著他們、教導他們的德融師父給大家很大的學習空間。每當遇到狀況，在跟官員協調溝通之前，他總會先跟融師父報告幾個方案，請示處理方式是否得當。融師父卻總

一九九八年的湖北勘災團員合影留念。

是微笑，說「你做就好了」。也因為融師父對先遣人員的信任，讓大家都有使命必達的信念，再勞累也要全力扛起責任，將每件發放事宜都做到最好。

「國際賑災從勘災到發放，所涉及的人、事、地、物當中，難以掌控的因素很多。假若大大小小的事情都要依賴精舍師父，大家就不會有腦力激盪的機會，也不可能真正成長。說我沈穩也好，冷靜也好，其實，這都是近二十年來我在國際賑災中跟德融師父以及其他精舍師父們學到的！」

張文郎感嘆又欣慰，二十年來，跟慈濟接觸過的大陸領導或對口單位，從一開始不太了解慈濟，到現在不但曉得我們的發放原則是「直接、重點、尊重、及時、務實」，也明白參與發放的志工們都是自掏腰包而來，且唯一的心願便是讓受災鄉親早日遠離苦難，平安展開新生活。慈濟人與各地區幹部攜手為災後發放而努力，言行舉止便是無聲的傳法。

回顧一九九一年，慈濟首次踏上大陸，要為華東地區的災民盡些力時，兩岸關係仍屬緊張，不僅許多功德會的會員停繳善款，民間的反對之聲也相當激烈，甚至有人揚言要火燒靜思精舍。然而，堅毅的上人卻守志不動，忍

辱負重地領著弟子朝前走。二十年來，慈濟在大陸的賑災腳步未曾停歇，範圍超過二十個省分。

有一年，台灣的媒體刊登飛彈傳聞，坊間捕風捉影、沸沸揚揚，慈濟賑災團卻依舊按約定出現在內地機場。在見到師兄、師姊的那一刻，接機官員感動得當場掉淚：「沒想到在這種情況之下，你們還是信守承諾……」

二〇一〇年八月二十日，慈濟慈善事業基金會在蘇州市靜思書院舉行掛牌與揭碑儀式，成為大陸第一家由境外非營利組織成立的全國性基金會。

「一切都是因為上人的慈悲。」文郎師兄回憶，二〇〇〇年，大陸賑災滿十週年，賑災團員按照慣例，在發放結束後回靜思精舍向上人銷假，並報告整體發放情況。聽他們談及回訪固始慈濟大愛村的情形，上人感動得表示，其實，當年要去大陸賑災，社會上的一切反應他都明白，也知道弟子們為他擋掉了很多言語激動的電話：

「但是，飢寒交迫的苦難人迫切需要救濟、安置。聽大家年年發放回來的分享，多少人因慈濟而改善了生活、轉變了命運啊！事實證明，我們做對

張文郎向上人報告發放情形，2008

了。老實說，當初就是沒有任何弟子支持我，我一個人也會繼續做下去！」

「聽他老人家這麼說，我們能不努力嗎？」文郎師兄慨然：「善門難開，要以願力開；好事多磨，更要堅定行！二十年來，我們不只是見證，更深切體悟了上人不忍眾生受苦難的的慈悲宏願。」

一九九一年，史上的第一個慈濟大陸勘災團動身前往彼岸。在出發前，上人對團員開示：

「佛經中有句話：『一粒米大過須彌山』，我現在深深體會到『一粒米中藏日月，半升鍋裏煮山河』。此刻正是大陸災民最需要幫助的時候，若能即時給他們一份恩情與愛心，他們會日日夜夜、歲歲年年難忘懷。這份愛，可以化解兩地幾十年來的隔閡。經由此次的賑災因緣，也許只是一粒米、半鍋飯，亦會使兩岸的山河、人心交融和合，開拓大陸與台灣人民的歷史新頁。這份愛的功能，歲月山河可以為見證。」

對照今日兩岸人民互動的熱絡，雙邊政府在許多民生議題的攜手合作，上人的大慈悲與大智慧，真真是「歲月山河可以為見證」啊！

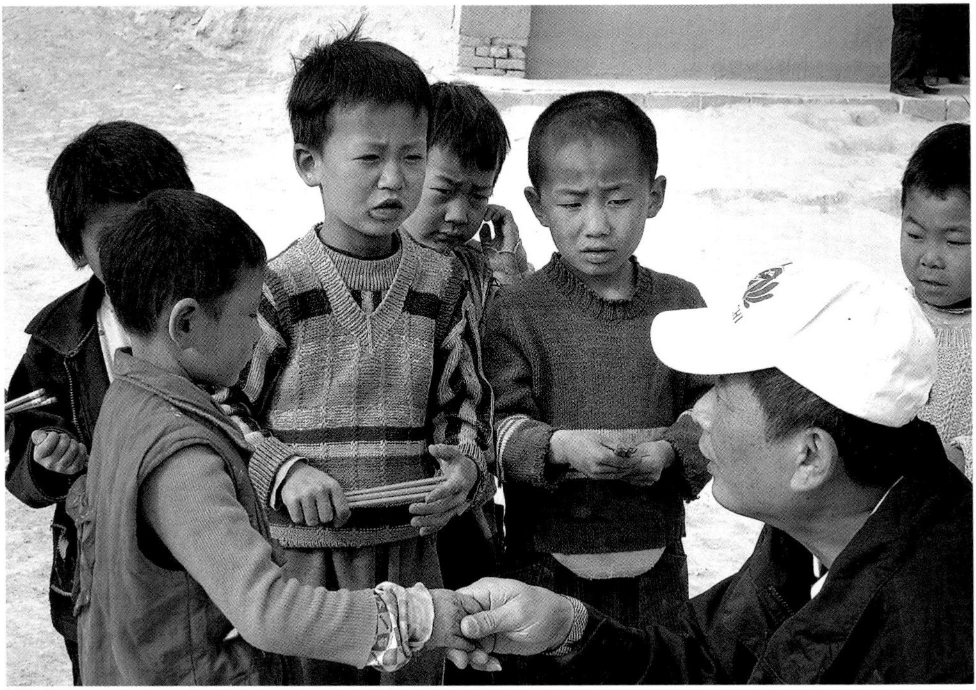

前往貴州納雍發放時，2002/1（上）。與甘肅的孩子們，1998（下）。

爸媽做慈濟，影響我一輩子

這次訪談，讓我印象深刻的還有張家一對善良可愛的兒女：哲豪、倍瑄。聆聽兩位年輕人的心聲，會讓人覺得，文郎與秋漂真是有福！只可惜篇幅有限，在這裡只能呈現精簡版。

哲豪說，爸爸因為作生意，從小跟他們接觸的機會不多，可是經常叮嚀他跟妹妹一定要守信、孝順、多幫助別人。在他眼中的爸爸是個一板一眼，自我要求很高的人，晚上九點睡覺、早上七點半到樓下等員工上班。進入慈濟之後，爸爸變得不像以前那麼嚴肅，有時還會主動開開玩笑，或講些在慈濟看到的事情：「他是非常悶的一個人，可以表達很多，但喜歡身體力行，雖然比較理性，但也有感性的一面，只是不善於表達那方面的事。」

媽媽則是比較感性，而且情緒化；小時候的哲豪因為功課不好，經常被打，對媽媽有恐懼感：「我小時候一直想不透，功課好能證明什麼嗎？打了我，我功課就會變好嗎？」

張家一對善良可愛的兒女：哲豪、倍瑄。

哲豪感恩父母讓他們有一個安定、舒適的生活環境，並且深信，爸媽若是沒有進慈濟，全家的生活不會是這樣。以前是「我說一你不能說二」，後來就用提醒的方式，讓他們的生活自在、自由了許多。

他始終記得，國中時，有一次晚自習時間跟同學跑去烤肉，計畫在點名前趕回教室，誰知風聲走漏，等大夥兒回教室時，所有去烤肉的學生家長都已經等在那裡了。

「看到爸爸媽媽坐在那裡，我心想，完蛋了，回去一定被痛扁一頓！」

沒想到，回家後，爸媽竟然平靜、和藹地問他為什麼要這樣做，還說，不是不能烤肉，但是要看時間。真想去，就要跟學校請假，並且讓父母知道他是平安的；「爸爸說，他很難過，因為作為一個父親，竟然會讓兒子害怕告訴他想去烤肉。我那時已經哭了，因為他們的反應是我無法想像的！」

這件事讓哲豪發現，父母並沒有那麼難溝通。他彷彿一夜之間長大了，開始真心地希望把書讀好，考個好成績讓父母驕傲。高中畢業後，他去美國唸大學，爸爸常打電話跟他分享國際賑災的見聞，教他見苦知福。在美國獨

「慈濟改變了我們整個家庭！」

自生活的期間，他不曾沾染任何壞習慣，過得很省，假日還去打工：

「爸媽信任我，我就要對自己的行為負責，絕對不能讓他們失望。」

在美國拿到行銷管理學位後，哲豪在大成不鏽鋼公司美國分公司工作了兩年，回台南後，再加入總公司的國外部。此外，他每星期三晚上都去崇善環保站作資源分類，至今已持續了七個月：

「這是受到奶奶的影響，看她一個星期七天作資源回收，每天對著那些罐子那麼快樂，我也很想體驗一下。我發現作環保是在訓練自己的耐性和專注力，專注投入時，會把自己放空，真的就像師公所說的『作環保，沒煩惱』。我在環保站學到很多，都是書上看不到的。」

讓我特別感動的是，這位年輕人希望在事業穩固後，護持父母做全職慈濟人，「因為那是他們的願望」。至於他自己，哲豪說，行善的路是一定要走的，因為師公上人說「行善行孝不能等」：

「慈濟真的改變了我們整個家庭，對我的影響是一輩子的，所以，做慈濟會是我未來生活的一部份。只要師公需要我的地方，我又有能力承擔，我

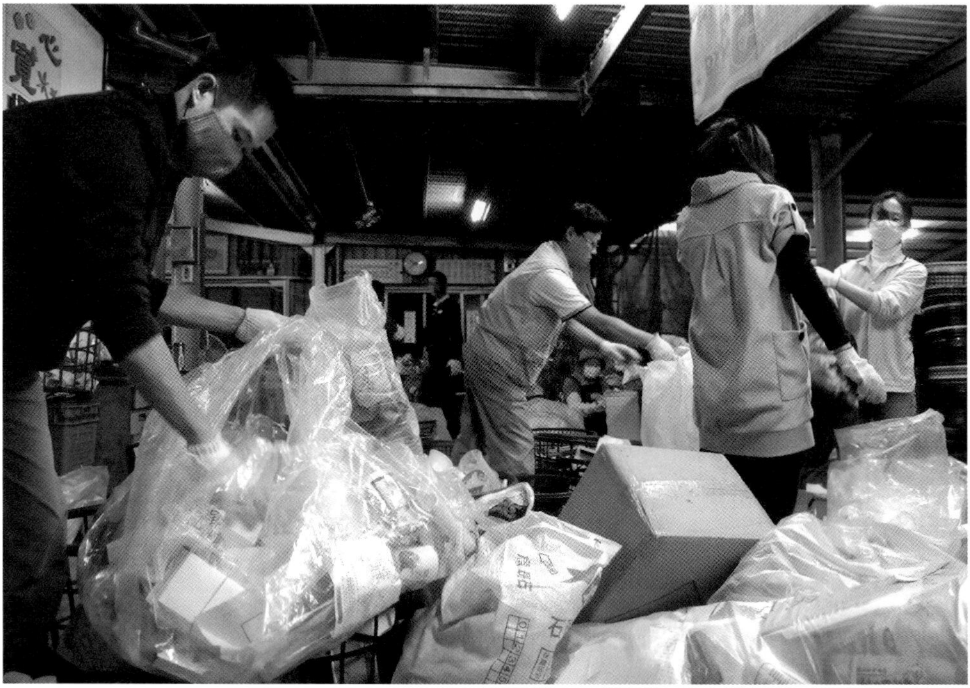

哲豪覺得，在環保站學到很多，而且都是書上看不到的。2011/3

倍瑄小時候跟媽媽一起作慈濟。

都願意做！希望有朝一日，我可以接下爸爸的棒子做國際賑災。」

倍瑄則是提筆記下了溫馨的親子之情。在伊甸基金會工作的她不僅觀察細膩，文筆也十分流暢，所以我在摘錄內容時，儘量保留了她的原始文詞：

接近上國小的記憶，就都是爸媽在慈濟的樣子，從小我會跟著他們一起在還是臨時聯絡處的辦公空間開會。開會前，大家會先立正，向佛陀、向師公禮敬，然後唱會歌。這些禮敬的過程對我是有影響的，凡事感恩與尊重，不是為了崇拜、推崇偶像，而是提醒自己謙卑，讓自己懂得尊重。

國小的時候，全職主婦的媽媽，很喜歡跟學校老師維持友善的關係，三不五時就會在學校出現，連福利社阿姨都不放過；後來才知道，媽媽原來在跟大家「說慈濟」。

在爸媽最初接觸慈濟時，我們常在週日一起到東區衛生所外面做資源回收，最常做的就是鋪平報紙，為一疊疊的報紙仔細分類，按一定厚度打上紅色的塑膠繩。小時候覺得做這些事情很開心，不是因為感受環保的重要

性，而是在做的人都很開心，大家很歡喜的聊天、聚會。

寒暑假，媽媽也很常為我跟哥哥安排營隊，舉凡最早期學佛營、生活營、親子營，學著團體生活，認識來自台灣各地的孩子；現在想想，其實是媽媽自己想回花蓮做隊輔，然後帶著我們兩個一起出門吧！但在所有的團體營隊中，提早學會怎麼照顧自己，為自己整理、洗衣，計畫寒暑假作業進度。我不知道這是不是媽媽期待我們學習的，但我們的確很有收穫。

小時候總感覺媽媽很強壯，什麼都不怕，堅守很多原則，也有點擇善固執的味道。隨著年紀增長，漸漸的，很愛碎碎念的媽媽，不念了。多了很多彈性，只剩下「長輩快樂，孩子有乖就好」這項大原則；反而一直保持超然理性的爸爸則多了許多情感表達的行為，看到成績單，會開始跟我們討論，如何在分數上多增加那不該失去的一點點分數，突然變得很會念。

現在，爸爸忙碌於國際賑災之時，偶會放不下家中的大小瑣事時，媽媽反而會灑脫的覺得「志業比事業重要」，體貼的讓爸爸放心外出。跟以前兩個人互相搶著要回花蓮帶營隊不同。（因為一定要留一個在家裡帶小孩上

倍瑄認為，爸媽因為做慈濟而更安定、自在。2011/3

學）。雖然爸爸目前還有兼顧事業的牽絆，但比起過去總是汲汲營營的賺錢、焦慮、擔心，現在的爸媽會因為做慈濟，心更安定也自在，相信著甘願做歡喜受，也跟我們分享，賺錢有數，應該要在有限的生命中積極的貢獻良能才是重要的。

我十八歲那年，哥哥和我為了念書，同時離開家。一直很勇敢、嘴硬的媽媽開始很會跟我們撒嬌，常常煲電話粥，也開始使用msn這類網路通訊，雖然常常是一個長假我在台南，她就學會；我開學回台中，她就忘光了。電話裡，媽媽會常常分享，最近師公說了什麼、台南分會近期要辦什麼活動。

我很難想像如果沒有參與慈濟志工，爸媽會是什麼樣子？我跟哥哥又會成長的怎麼樣？只能說，在現在，我很幸福，也很感恩身在這樣溫暖又很幽默的家人當中，感恩爸媽一路陪伴成長，尊重我的許多選擇，雖然很多時候會很無明的任性堅持著自己的執著，仍然可以得到包容與支持。

我很感恩生在這對夫妻小小的但非常溫暖的家，也感恩師公創造慈濟，讓爸媽能在平凡中，綻放不平凡的美麗。

「感恩師公創造慈濟，讓爸媽能在平凡中，綻放不平凡的美麗！」2011/3

生病的磨難與考驗

三月二日晚上九點多，文郎師兄與秋漂師姊在崇善環保站做完資源分類，帶我們來到林進財、周玲娟這對同修的家中。跟秋漂很熟的郭玲玉師姊以及樂觀、勇敢、始終笑容滿面，正在跟化療奮鬥的盧秀李師姊與同修師兄蕭清峰也在場。

那是間相當大的藥局樓上，二樓寬敞的空間時常供給慈濟組隊開會或聯誼。身為藥師的玲娟師姊活力十足，談到第一次看到秋漂的情形，還伸長手臂，學她的模樣給我看：「她把手伸過來讓我擦藥，一口小小的傷口，竟然害怕到眼睛閉起來。我心想，慈濟師姊還這麼怕死！」玲玉師姊也糗她：「在SARS期間，秋漂看到來找她的師兄、師姊戴口罩，就會說你別進來！」

為什麼要講這些呢？因為，這烘托了秋漂師姊在真的生病，而且是生了一場大病的時期，面對無常的堅忍與勇氣。周師姊指出，胃癌治療的過程很辛苦，電療時整個人都是熱的，還要做人工血管，手臂不能抬起來，相當痛

法親們見證了秋漂師姊在生病時期，面對無常的堅忍與勇氣。2011/3

苦，秋漂卻一路熬了過來。

說實在的，秋漂面對這件人生大事的態度，還真讓人覺得有點另類。知道消息後，她第一件事便是找玲玉去吃大餐，因為進醫院後可能會沒機會吃。此外，她也並沒有立刻告訴家人，直到幾天後跟先生、女兒一起在餐廳吃飯：

「吃飽以後，我叫了一壺花茶。茶還沒來的時候，我告訴他們，檢查結果有一點問題，我可能會被關。文郎一聽就說，不要吃了，我們回家談！」

為了不讓在美國上班的兒子擔心，秋漂瞞著他，在醫院還特地跟他視訊聊天，說自己一切都好：「鏡頭只照到我的頭，看不見病房的衣服。」

母子連心，幾翻周折，哲豪還是知道了。從美國回來以後，雖然她最辛苦的時期已過，兒子還是盡到了心意，幫她搥背、按摩、消水腫。講到這裡，秋漂笑得眼淚汪汪：「兒子說，你身體不好，我上班賺錢做什麼？他還抱我，說：『媽媽，以前小時候你打我，現在換我打你了！』」

女兒也乖得讓秋漂師姊心疼。她回憶，有陣子胃口不好，法親、家人特

胃癌治療的過程很辛苦，秋漂卻一路熬了過來。2011/3

地為她精心準備的料理，她嚐一嚐，不喜歡就吐出來：「有天下午，女兒抱著我說：『媽媽你趕快好起來好不好？我真的是快累死了！』我抱著她笑，因為她真的不知道要煮什麼。第一次煮給我吃的時候，從九點煮到十二點，端到我前面，我卻叫她趕快端走，聞了不舒服……。」

該是願力的支撐吧，秋漂說，她一共經過六次化療、二十八次電療，體重從六十三公斤降到四十四公斤，卻不可思議地從頭到尾嘴沒破、頭髮沒掉。此外，除了第一次化療，其他過程都不覺得辛苦，只是行為有點異常、腦筋「秀逗」，說話與反應都不對，有時明明想喝水，說出來的卻是要吃飯。

「願力和念力非常重要，我覺得靜思精舍的佛菩薩都在保佑我。上人說我一定會好，多餘的東西留在身上沒用，就把它拿掉；所以我很篤定。再辛苦都要熬，因為我愛上人，不能讓上人擔心。」

二〇〇八年十二月底，秋漂回花蓮慈院健檢時被發現胃部異常，二〇〇九年一月接到通知。由於二月輪到和氣組隊在台南靜思堂值星勤務，工作量

較大，所以她決定把任務完成後，再到離家較近的大林慈濟醫院詳細追蹤。複檢兩次、切片檢查後確定需要動手術。夫妻倆認為是福不是禍、是禍躲不過，既然遇到了，就要接受事實，低調地與醫院安排好住院日期。第一次化療時，秋漂師姊因為還不適應藥物進到體內所產生的作用，整個人忽冷忽熱，前一刻蓋很多被子還會冷到發抖，下一刻卻又熱到無法忍受：

「在那個當下，我的念頭就是上人和靜思精舍，心中一直默念，要歡喜受，隨緣消舊業，莫再造新殃。」

文郎師兄坦承，若是沒進慈濟、未聞佛法，面對這無常可能會完全無法接受，更別說是面對它了。一切來的太突然了！還好醫師、護士都非常親切地照顧秋漂；師兄、師姊們也常來關懷，輪流載她去醫院進行療程、幫她擬作息表、打點滴補充養分、為她種植有機蔬菜、煮吃的。秋漂能順利康復，要感恩的人太多了。

走過這段陪伴秋漂的路，張文郎覺得應該講一講自己的心路歷程，好讓大家更了解病人的反應與心理：

家人相互扶持，陪著秋漂走過療程的每一天，2009/5，（攝影：張倍瑄）

「療程期間的藥物反應，讓她的身體虛耗、難受，心裡比較沒有安全感，凡事身不由己，急著表白、解釋。這個時候，千萬不能讓她激動，要引導她把動作、腳步放慢，讓她安心，告訴她，家人是不會放棄她的；心安住才有毅力抵抗肉體上的疼痛。」

回顧那段日子，文郎師兄說，家人相互扶持，陪著秋漂走過療程的每一天，用感恩歡喜的心來隨緣消舊業，把病痛當作是修行的功課：

「有願就有力，凡事歡喜接受，就能因感恩而釋懷。」

大愛可以包容小愛

秋漂師姊的第二十八次電療、也就是最後一次，剛好是在二〇〇九年八月七日。氣象局在前一天發布莫拉克颱風陸上警報，慈濟台南合心防災協調中心立即於台南靜思堂成立，由張文郎擔任召集人。張文郎回憶，原本有位師姊要載秋漂去大林慈院，但他擔心法親在颱風來臨時的安危，決定自己帶秋漂去，協調中心的事務則暫時委託副召集人鄭清發師兄。

一路上，他隨時與協調中心保持密切聯繫，下午得知，屏東大鵬灣地區已淹水，請求支援一千個便當。下午三點多回到靜思堂，車子才開進地下室停車場，眼前的景象就讓他為之一震，隨之而來的是深深的感動與欣慰：

「密密麻麻的都是人！原來，附近組隊已經分為四條動線，把一千個便當準備好了。將近三十人的機動組也已組織好路線，正要出發運送便當。我好感動，慈濟人多可愛啊，大家使命必達，雖然我暫時不能坐鎮，可是回來時，他們已經一切都準備好，要上路了！」

師兄們把家裡的貨車、休旅車都開來了，打包好的便當一箱一箱地傳遞上車。消息進來，擔任發放的當地師兄、師姊已經會合，共四十一位在災區待命，只要便當抵達，便可挨家挨戶地將熱騰騰的食物送給鄉親。

文郎師兄像連珠砲似地回憶當時的情況，彷彿再度踏進了那分秒必爭的緊張時空。隨著他的敘述，我也激動起來，愈發明白了災民所收到的便當是多麼來之不易；捧起來輕輕的，填在裡面的關懷與情義卻是那麼得重……

「雨勢愈來愈大，屏東八月七日開始進水，林邊尤其嚴重，淹水範圍從南往北愈來愈廣。黃福全擔任便當運輸窗口，在協調中心不斷跟已經上路的師兄連絡，看路況如何，並一一通知，熟悉路況的屏東法親會在三號國道橋下等候，接大家前往災區。」

台南這邊的雨也愈來愈大，到了晚上七、八點，糟糕，靠近高速公路的師兄打電話來，說三老爺溪水已經漫到路面上了，首當其衝就是仁德一甲村旁的工業區。各地電話一直打進協調中心；溪水暴漲、道路被阻，十來個負責香積的師姊、師兄已無法回家。我們打聽到國道八十六號往機場的路還可

砲指部湯中將拜訪台南防災協調中心。2010/12/27（攝影：蘇文法）

走，便告訴他們從那裡繞回到台南市區。

事態嚴重，情況不單純，我們擔心去支援發便當的人，不停與他們聯繫。晚上十點多，他們完成工作，要回來，但雨太大、水太深，我們便一一交代，從那個方向、那條路走比較妥當，以免發生危險……」

師兄、師姊都安全回來後，已是深夜十二點多。大家分別在靜思堂安單；文郎師兄躺在協調中心的地鋪上，整晚握著電話不敢放；眼睛才要閉起來，鈴聲便響起。低窪地區的師兄來報，家裡的水已經淹到了供桌上……

「求救電話一直進來，雖然牽掛，為了施救人員的安全，也只有請他們自己先想辦法往樓上避難，等到天亮、雨小、水退之後再去幫忙。」

之前曾聽王志雄師兄提及，救災期間，張文郎臨危不亂，隨機應變，時時了解每個地區的淹水情況，以便判斷輕重緩急以及需要派遣的人數。大家緊張，他卻始終保持微笑。聽我提到這一點，文郎師兄表示，不能急、不能生氣，要冷靜地將所有事情處理得圓滿：

「急中能定，才能自安安人。我的主要工作就是安住大家的心，並整合

團隊，統籌調度物資、人力。」

張師兄強調，很多事沒有一定的規則；比如說，淹水地區須送便當的標準就很難制定，有時村長要、村民卻不要。為了避免浪費資源、人力，在接到要求後，還必須請組隊長、訪視幹部、社工先多方了解。

「好在慈濟人在平時已有系統焠鍊，災難來臨時窗口統一，做事便可有效率。大家都具備一定程度的修養，在壓力之下也可以彼此配合得很好。」

風雨過後，大家一邊進行法親關懷，一邊分頭幫受災戶清掃，並實地勘查，針對受災家庭子女發放就學慰問金。上人行腳到台南，知道不少師兄、師姊家裡也受災，卻沒清理，只顧投入幫忙別的災民，便立刻指示為受災法親造冊，發放毛毯、慰問金。可是大多數人都不收，要留給更需要的人。

文郎師兄細數，仁德、永康、歸仁、新化、佳里等地都受災，慈濟在台南的十二個和氣區有九個淹水。各區在分會集合，統籌分配工作；台南這邊的清掃工作還沒結束，大家同時又開始支援災情更嚴重的屏東林邊災區清掃工作。法親們廣邀會眾同行，每天均有四部遊覽車的人員前往清理泥濘，直

到八月三十日才告一段落。

「慈濟慈誠、委員的精神讓人感動！」對於師兄、師姊們的付出，不慣咬文嚼字的文郎師兄，表達的意思雖短，卻是懇切又實在。

為社區付出的過程中，他深切體會到，大愛不但對小愛沒有妨礙，還可以顧及小愛。他在靜思堂忙得不可開交，隔天一早接到電話，才曉得在仁德太子廟與人合夥的不鏽鋼螺絲公司被淹得一踏糊塗，所有電腦、紙本資料全泡湯了。同仁們雖已辛苦了好幾天，還是沒法清除汙泥。留守防災協調中心的他，雖因沒關心到同仁而歉疚，卻覺得師兄師姊已經這麼忙了，身為召集人，不能再加重他們的負擔。然而，該區的和氣隊長楊豐旭師兄在得聞情況後，仍然立即召集了二十位法親前往協助。

其次，市區停水五、六天，秋漂師姊因為藥物過敏，全身起疹子，癢得非常難受；氣候悶熱，卻不能洗澡，簡直就是度日如年。災後緊急狀況紓解後，文郎師兄讓女兒載她來靜思堂。以分會的水塔存水梳洗一番後，秋漂整個人才終於得到了舒緩，展開了笑容。

「在她最需要我時，我不能照顧她，因為我的心思都懸在救災。她身體好一點時，也不願在家躺著，堅持要趕來靜思堂幫忙接電話。」回想整個經過，文郎師兄再次慶幸他們夫妻走對了路。若是沒進慈濟，沒有這麼多事情可做，一家人為了病情枯坐發愁，心情一定大受影響：

「投入救災，不但可以忘掉自己的煩惱，還可以幫助許多人過得更好。所以，我深切體會到，大愛可以顧及小愛。正如上人慈示：『小愛無法含納大愛，大愛卻可以包容小愛。有大愛的心，不但不會忽視小愛，而且還能自愛；人人自愛，才能發揮大愛。』」

小愛無法含納大愛，大愛卻可以包容小愛。2011/3

因緣

採訪期間，我也跟隨文郎師兄、秋漂師姊造訪了兩位企業家。透過這對同修的介紹，我不但瞭解到這兩位「富中之富」回饋社會、護持慈濟的不同方式，還深深感覺到，慈濟世界的奇人妙事真不少！

三月三日下午，我們來到位於仁德的大成不鏽鋼公司，一進寬敞的大廳，便看到有個明亮舒適的慈濟人文閱讀中心。就在這兒，大家邊享用下午茶，邊聽董事長謝榮坤侃侃而談。

已於去年受證成為慈濟委員的他，是帶動員工作慈濟的企業典範之一。除了作環保，他們公司的員工還輪流到台南靜思堂幫忙清掃環境。今年，全省各地慈濟人如火如荼地推動「大懺悔，入經藏」，他除了鼓勵員工共襄盛舉，齊來齋戒一百零八天，為天下祈福，還提供廠房空間、製作仿高雄巨蛋尺寸的臨時舞台給師兄、師姊排練「水懺」，並在天熱時安放風扇、冰塊、灑水器，幫入經藏菩薩們解暑。

大成不鏽鋼公司有個明亮舒適的慈濟人文閱讀中心。2011/3

有心行善的謝師兄，雖然一九八九年便去過花蓮靜思精舍，實際付諸於行動卻是在五年後。當時的他尚未參與加慈濟活動，有一天看到公司仁德廠協理的太太用摩托車裝載了好多回收資源，覺得這樣實在是太危險了，便即刻捐贈了台南的第一部慈濟環保車。

當時，他的公司還小小的，情況也不是很好，他卻向民間借貸，付不低的利息買了那輛價值四十七萬五千元的貨車。管財務的姊姊對他的舉動不以為然，他卻回應：「他們借不到錢，我借得到。」

因緣不可思議，謝師兄回想，本來公司問題一大堆，後來卻愈來愈順，台灣、美國的訂單一直進來。事業發展得愈大，他跟慈濟的緣就愈近，如今，大成鋼在台灣、美國、大陸、澳洲、紐西蘭、加拿大、巴西都有公司：

「員工幾萬人，每位幹部都獨立作業，非常盡責。我事業照投入，但是心都在慈濟，不但沒影響工作，反而因為心情輕鬆，十天要做的事，一天就能處理完。企業界的朋友喜歡應酬、打高爾夫球，我的興趣卻是作慈濟。慈濟做的事有意義，所以我經常都在想，慈濟有沒有需要我的地方。」

謝榮坤是帶動員工作慈濟的企業典範，早年曾借貸捐贈台南的第一部慈濟環保車。2011/3

大家讚嘆謝師兄經常慷慨佈施，他卻笑說那是繳學費，近年跟上人比較接近，感覺老人家的一舉一動，處理人、事的種種細節都讓他學到很多。

「上人說：『心開意解福就來，心正意誠運就通』，以如此邏輯去處理事情，感覺內心很開闊。現在每天依舊會遇到很多難關，可是我以歡喜心面對、處理。遇到了就是因緣，不能埋怨。對方歡喜，我就滿意，做生意要先利他，讓別人得更多。若是一心想占人便宜，就會覺得人家要占我便宜。」

在他的觀察裡，上人對世間萬物理解深刻，很清楚什麼人要用什麼方法度；說法時，能讓一般人都聽得懂。此外，上人還致力打破階級、種族、宗教之間的隔閡：「我最喜歡上人常說的『靜寂清澄，志玄虛莫，守之不動，億百千劫』。那樣博大，不僅知道道理，還要守之不動，億百千劫，不是這輩子而已喔，是生生世世！」

我問他，既然喜歡親近上人，為何每次上人來台南靜思堂，他都是像沾醬油一樣，請個安，馬上就溜。只見這位大企業家笑得像小學生：

「上人的境界是守之不動，億百千劫，能看到每個人的缺點。我的缺點

多，怕被罵……。」

告辭之前，我跟他應證一件傳聞：「聽說你有一次捐善款，開遠期支票的時候還加利息？」他回答得理所當然：「當時現金不夠，可是我有信心能賺到那個錢。先捐先贏嘛！」

造訪力伽實業那天也很好玩！六、七位法親浩浩蕩蕩地陪秋漂、文郎來找郭海濱師兄、黃菊馨師姊，因為他們想邀請這對同修參加四月舉行的「全球實業家靜思生活營」。

這對夫妻的慈濟委員編號是「一〇七九」，雖然很早以前就受證了，卻是事業愈作愈大，參與慈濟的活動愈來愈少。六年前，秋漂師姊在一個場合跟他們不期而遇，便與文郎師兄跟他們保持連絡，持續不斷地告知上人的法以及慈濟訊息；兩夫妻是既喜歡聽他們講慈濟，又對慈濟的活動樂於護持。

「秋漂像喜鵲，每次都高高興興、嘰嘰喳喳的！」郭師兄在百忙之中抽空出來致意，在會議室一坐下便讚嘆文郎、秋漂是他的善知識，透過他們，自己不但能聞法，還可以做善事：「我雖然沒有將所有時間投入在慈濟，但

大夥兒邀力伽實業的郭海濱、黃菊馨參加實業家靜思生活營。2011/3

慈濟對於我而言，是人生善的代名詞。」黃師姊也表示，文郎與秋漂純樸又熱心，在慈濟出錢、出力，志業、事業都能平衡得這麼好，實在是不簡單！

聊著聊著，郭師兄便懷念起早年的時光來，說那時慈濟人很少，台南大概只有三十幾位，很多事都是上人親自教大家：「現在師兄、師姊多，大家分區域，像以前那樣親近上人的機會就不多了！」

聽他說「企業家取之社會，用之於社會，我好好做生意，也是一種回饋方式，慈濟有活動，文郎師兄可以馬上去做，我卻是身不由己，必須考慮的事太多。」在場的師兄、師姊紛紛發揮隨緣度的精神，說捐善款可以造福，但投入工作才是增長智慧的妙方。

大家七嘴八舌，異口同聲地勸他們參加靜思生活營，以便體驗現在的慈濟與二、三十年前有何不同；郭師兄卻不置可否。同行的慈同師姊提醒他倆，要好好把握因緣，還一展歌喉，唱了那首紀念印順導師，詞曲深邃優美的〈因緣〉。就連一直默默在旁邊取鏡頭的阮義忠師兄，也拿出了隨身攜帶的i-Pad，打開一個檔案給郭師兄看：

慈濟委員編號1079的郭海濱師兄、黃菊馨師姊。2011/3

「我最近正在寫一篇文章，描述我經常搭的一班公車，文章題目就是〈一〇七九〉，跟你們的慈濟委員編號一樣。這就是因緣！」

二〇一〇年四月十日，我在花蓮靜思堂採訪「全球實業家靜思生活營」活動，突然聽到有位師兄跟我打招呼。回頭一看，是穿著蘋果綠學員制服的郭海濱師兄。他正往側門快步走去，趕著參加小組活動。

聽我朝他喊了一聲「一〇七九」，郭師兄回頭笑得好燦爛！

平平安安就是福，平平淡淡就是真

一路走來，張文郎覺得愈忙愈好，無論是那個區域的活動，只要是慈濟的事，就是他的事。他強調，慈濟事很多，少數人做不了，必須找很多人一起來參與。每個人都有還沒去除的習氣，但沒有一個慈濟人不想把事情做好；因此，一定要給每一個人空間，讓大家在「做中學，學中做」。

「若是活動要求到九十分，可是人人埋怨，見不到合和氣氛，還不如做到七十分，讓大家都有發揮的餘地，這樣才是圓滿。」

文郎師兄表示，在了解因緣果報之間的關係後，他時時警惕自己，在個人行為、待人處事各方面都要更謹慎。上人賜予他們夫妻法號慈「明」、濟「哲」，便是期許他們做慈濟要潔身自愛，「明哲」保身，如此才能維護團隊形象。讓他深感懺悔的是，自己從一進慈濟便當幹部，台南地區的會務卻是多年來不見起色。

「這是上人託付給我們的道場，期待我們能在社區弘揚善法。但團體

大，每個人的背景不同、根機有別，過去我比較急，效果並不好，後來才體會到，必須把腳步放慢，在跟大家同步行進的過程當中，盡量發揮好的影響。」

然而，整體來說，張師兄還是樂觀的，因為他認為物極必反，到了谷底就會反轉，只不過，他會希望反轉的速度稍微快一點。回顧來時路，文郎師兄坦承，許多人認為他沈穩、冷靜，其實，這都是不斷調整來的：

「我以前比較急躁、不夠冷靜，遇到事情一直要強調對與錯。人一急，聲色、態度就會給人不愉快的感覺。」

這些年來，他學到任何事情都要先冷靜傾聽，並且一定要隨順因緣。因緣不成熟，有理講不清；只要不堅持己見，就會有緩衝的餘地。等因緣對了，大家豁然開朗，氣氛好時，還會彼此抱歉，怪自己當初怎麼會那樣！

「大家都是志工，我無德無能，無法去要求人家做什麼，但最起碼可以身體力行，在言行舉止方面別讓任何人的道心動搖。察覺到自己某些言行舉動不太好，我就馬上改。」

「沒有一個慈濟人不想把事情做好；一定要給每個人空間『做中學，學中做。』」2011/3

張文郎說，慈濟活動多，辦活動最重要的就是先對內凝聚共識，再邊走邊調整。大家要坐下來，一起關心、共同負責，以大多數人的意見為決議。方向一致後，便要彼此互相尊重，如此一來，在後續工作上的分攤及推動都會容易順利：「不要一個人說了算，大家沒有共識，窒礙難行。」

在分享當幹部的心得時，張師兄強調，帶人就是磨性子；開會不是簡單的事，誰能坐最久，就是韌性最夠。開會的目的是集思廣益，並了解第一線師兄、師姊的困難，多多以上人的法鼓勵大家。

「愈大的活動，因緣愈是殊勝，不能讓大家起煩惱。凡事可以給大方向，但要保留彈性，不要制式化，因為各區情況會略有不同。事情要讓大家很清楚，但要視情況的輕重緩急，作階段性的發佈訊息，以免造成混淆。」

身為領導幹部，反而要多放手；張師兄以自己為例，只要找能幹的人當副手，便可充分授權，讓他們做事，如此一來，自己也才能經常到國外賑災。若什麼都要管，便無法接觸別的工作領域，讓自己不能多方面成長。

「每個慈濟人都是有形的看板，傳無形的法。」由於長年參加海外賑

災，張文郎覺得自己對上人的理念愈來愈清楚：「上人為了慈濟的四大志業、八大法印，受過多少委屈。遇到被曲解、甚至是抹黑時，上人會心痛，但從不會在眾人面前皺一皺眉頭。他老人家是在以身示教，讓我們知道如何面對逆境。」

三天的貼身採訪已告一段落，回想整個採訪的過程，我又再次體會了常不輕菩薩的信念。菩薩以各種面貌在我們周遭示現，沒有固定形象，也沒有特定方式讓人們開竅。而我們自己在幫助人家的時候，也就是菩薩。「譬如船師身有病，若有堅舟猶度人」；重要的是，我們雖然都是重業在身、習性未除，卻仍能盡一己之力，藉著慈濟這艘普渡眾生的法船自度、度人。

正如上人最近開示：「一性圓明，在佛不增，在凡不減，只是凡夫蒙霧，法聽了卻沒入心。每個人雖有習氣，卻也有精髓的部份；愛的精髓凝聚，便可去除眾人的習氣。成就慈濟的就是人人的那分真心精髓，但願人人心寬念純，做得歡喜、無掛礙。得精髓，去習氣，長慧命，那就是永恆。」

採訪結束前，我請張文郎師兄想一想，還有什麼要說的。他認真的思考

平平安安就是福，平平淡淡就是真。2011/3

了幾秒鐘，說出來的話依舊實實在在、不改平淡本色：

「以我的條件，能夠一切因緣具足，從一九九二年就參加國際賑災到現在，我要更珍惜、更努力，減少上人的憂慮。」

「平平安安就是福，平平淡淡就是真」僅以這句《靜思語》跟文郎師兄、秋漂師姊以及我們所有的好法親互勉。

慈濟深入朝鮮鄉村的二十七個點發放，物資嘉惠十四萬戶、四十四萬人口。2011/11

18 陳金海
19 文素珍
20 劉素美
21 吳玉鳳
22 宋篤志、吳卻
23 陳美珠、楊玉雪、胡玉珠
24 黃榮年
25 郭再源
26 達宏法師
27 吳東賢、孫若男
28 江淑清
29 紀邦杰
30 林月雲
31 王郁清
32 吳佳霖
33 張文郎

《看見菩薩身影》系列：

1 黎逢時
2 顏惠美
3 陳乃裕
4 王沈月桂
5 鄭柏、李實先
6 王添丁、黃玉女、王壽榮、嚴玉真
7 陳滿、劉德妹、蔡定月
8 林俊龍
9 羅明憲
10 黃勝璧
11 許金柱、許美雪、許美蓮、許美杏
12 陳燦暉、陳錦花
13 卓明鉦、池燕美
14 杜俊元、楊美瑳
15 李惠瑩
16 林美蘭
17 羅美珠

國家圖書館出版品預行編目資料

看見菩薩身影（33）張文郎/阮義忠 袁瑤瑤合著.
— 初版 — 臺北市：經典雜誌，財團法人慈濟傳播人文志業基金會，2012.01
144面；15x21公分 (看見菩薩身影系列)
ISBN：978-986-6292-28-6(平裝)

1.張文郎　2.臺灣傳記　3.佛教修持

225.87　　101000010

看見菩薩身影（33）張文郎

作　　者／袁瑤瑤
攝　　影／阮義忠
發 行 人／王端正
總 編 輯／王志宏
責任編輯／朱致賢
美術指導／邱金俊
美術編輯／蔡雅君
出 版 者／經典雜誌
　　　　　財團法人慈濟傳播人文志業基金會
地　　址／台北市北投區立德路二號
電　　話／02-2898-9991
劃撥帳號／19924552
戶　　名／經典雜誌
製版印刷／禹利電子分色有限公司
經 銷 商／聯合發行股份有限公司
地　　址／新北市新店區寶橋路235巷6弄6號2樓
電　　話／02-2917-8022
出版日期／2012年1月初版
定　　價／新台幣250元

ISBN：978-986-6292-28-6(平裝)
Printed in Taiwan